SOUVENIR

DES

15 et 16 Janvier 1871

DISCOURS

Prononcé au Temple Saint-Martin

DE

MONTBÉLIARD

PAR

JOHN VIÉNOT

PASTEUR

1898

MONTBÉLIARD. — IMPRIMERIE P. HOFFMANN.

Mes Frères,

Notre population toute entière a été invitée à évoquer aujourd'hui de douloureux mais de patriotiques souvenirs. Il nous aurait été impossible de ne pas nous associer à une manifestation comme celle-là. Notre église a été depuis des siècles étroitement mêlée à toute la vie de notre peuple. L'instruction de notre peuple d'autrefois, sa fière indépendance au sein d'une pauvreté vaillamment supportée, dans l'histoire d'hier son esprit d'initiative courageuse, ses premiers succès industriels, tout cela avait été déposé comme un germe fécond dans notre organisme par les principes même de la glorieuse Réforme. Je vais plus loin, notre patriotisme, cet amour de la France, si complet, si profond, qu'on étonne ceux à qui l'on apprend que notre pays n'est français que depuis 100 ans, notre patriotisme vient en partie de ces pasteurs du 18me siècle qui furent les premiers à applaudir la France libératrice de 1789. Comment donc aujourd'hui aurions-nous fait pour ne pas parler de leur patrie aux chrétiens, aux protestants de notre ville ? Nous aurions manqué à nos traditions les plus chères, nous aurions manqué à la tradition biblique qui est notre force, cette tradition qui veut que les hommes de Dieu soient aussi les hommes les plus ardemment dévoués à leur patrie terrestre ; nous aurions oublié la volonté et l'exemple de Jésus-Christ lui-même qui a aimé l'humanité certes, qui est mort pour elle, mais qui a aimé d'abord sa patrie terrestre. Jérusalem ! c'est-à-dire pour nous, ô France, ô notre patrie, si je t'oublie, que ma droite s'oublie elle-même ! Nous sommes ici, tous, pour nous souvenir.

Nous souvenir ! oui. Et tout d'abord notre pensée va vers vous, officiers et soldats qui avez été fauchés par la mort dans les journées des 15 et 16 janvier 1871. Notre pensée vous cherche, elle vous évoque, mobiles de la Hte-Saône, de la Charente, de la Nièvre ou du Puy-de-Dôme tués à Ste-Suzanne, au Mont-Chevis ou dans les rues de notre ville. Catholiques de la Savoie, protestants du Doubs ou turcos d'Afrique, nous vous enveloppons tous en ce jour d'une pensée reconnaissante et émue. Notre pensée vous évoque aussi, vous, les ennemis tombés sur notre sol ; vos cendres se mêlent aujourd'hui aux cendres des nôtres, vous êtes nos hôtes, non seulement nous saurons respecter votre repos sur la terre française, mais nous saurons même vous honorer puisque, comme les nôtres, vous êtes tombés pour le devoir. Notre souvenir va vers vous avec une pensée d'apaisement.

Mes frères, comment sont-ils tombés ces braves dont je viens d'évoquer devant vous le vivant souvenir, ceux qui reposent aujourd'hui pour la plupart sous le monument élevé en leur honneur ? Je voudrais vous le rappeler à tous afin que, tous, nous prenions part à la cérémonie de ce soir avec des souvenirs plus précis et plus vivants, avec une émotion plus réelle et, si j'ose dire, avec un patriotisme plus réfléchi. Je voudrais plus spécialement encore donner à ceux qui n'ont pu être les témoins de ces évènements, comme un tableau de notre ville pendant les journées des 15, 16 et 17 janvier. Encore une fois, nous sommes ici pour nous souvenir.

Donc nous sommes au mois de Janvier 1871. La France écrasée a plié sous le nombre. Les armées allemandes l'ont envahie. Seul, Belfort tient toujours, arrêtant autour de ses murailles une armée qui occupe aussi notre ville. C'est alors que le général Bourbaki reçoit l'ordre de tenter une diversion qui, si elle réussit, peut sauver la patrie. Il a pour mission de tenter une pointe hardie sur Belfort, de délivrer la place, qui sait ? de passer victorieux en Allemagne. Alors, après un succès, il pourra être question de traiter. La première partie de ce plan a déjà réussi. Les Allemands ont été culbutés à Villersexel. Les Français approchent, on le sait, on le devine à Montbéliard à l'attitude des Allemands qui occupent la ville. Dès le 12 Janvier l'occupation de Montbéliard par les Français est prévue par nos ennemis. Ce jour-là ils dirigent sur l'Allemagne le vaillant maire de la ville, M. Charles Lalance dont je ne puis prononcer ici le nom sans une émotion que vous comprendrez tous. Nos ennemis ne pouvaient laisser dans la ville un homme qu'ils soupçonnaient de ne jamais avoir cessé d'entretenir des correspondances avec Belfort assiégé. Il est emmené en Allemagne avec un facteur manchot et un aumônier des Mobiles de la Charente, l'abbé Chaumet qui avait été fait prisonnier à Sainte-Marie. Le 14, nos compatriotes constatent avec une joie qu'il faut dissimuler encore, l'agitation et l'inquiétude des étrangers qui occupent notre ville. Mais au matin du 15 Janvier, il n'y a plus de doute, les Français approchent. On entend distinctement le canon qui tonne au loin. Ah! quels souvenirs pour ceux qui ont vécu ces journées-là parmi nous. Les ennemis ont établi leurs batteries sur nos collines aimées, au Parc, à la Grange-la-Dame, dans ce Château dont nous sommes fiers et qui est comme un raccourci de notre histoire, et de là ils tirent sur les nôtres...... Cependant à mesure que s'écoule cette interminable journée, la canonade se rapproche. A onze heures du matin une colonne française s'est emparée de Dung et de Bart. A deux heures notre artillerie s'établit sur les hauteurs de Ste-Suzanne et répond au canon de la Grange-la-Dame et du Château. Une autre colonne partie, au jour, de St-Julien était arrivée à Allondans, avait enlevé le bois Bourgeois et occupé le Mont-Chevis sous la mitraille... En ville, on ne sait rien de tout

cela encore. On entend la fusillade seulement,
on vit dans une anxiété atroce. On assiste au re-
tour des blessés allemands qu'on rapporte. Voici
dans la rue des Febvres, quatre soldats allemands
qui transportent sur leurs bras un de leurs officiers blessés. Le sang coule tout le long de la
rue, sa tête pâle ballotte en arrière. Alors pris de
pitié pour l'ennemi blessé, un français s'approche,
et soutient de ses mains la pauvre tête doulou-
reuse tandis que d'autres, émus comme lui, s'é-
crient: c'est bien, ce que vous faites là, c'est bien,
— Mais quoi ? Est-ce bien la défaite pour les
Allemands. Il n'y a plus de doute c'est bien la
retraite. Voici un officier supérieur entouré d'une
quinzaine d'officiers. C'est l'état-major qui se re-
tire devant nos troupes. Voici le dernier détache-
ment allemand difficilement maintenu par ses
officiers qui se retourne et fait feu dans la direction
du Faubourg. Au coin de la rue Cuvier et de la
rue des Étaux, un officier à grands coups de plat
de sabre, en prenant quelques hommes par leurs
sacs les fait retourner encore et tirer quelques
coups de fusils. A peine le dernier coup de fusil
a-t-il été tiré devant la maison Bernard que trois
turcos, trois lions, arrivent en courant rue des
Febvres. Une joie immense remplit les cœurs de
nos concitoyens. Déjà ils saluent la victoire, Belfort débloqué et les victoires futures. Nos concitoyens les yeux tout remplis encore des scènes
de l'invasion se retournent avec passion vers les
frères qui viennent de les délivrer. Ce sont les 1er
et 2e bataillon des Mobiles de la Charente, le pre-

mier bataillon de tirailleurs africains qui sont
entrés les premiers dans la ville. Oui, mais dans
quel état nous arrivent les pauvres enfants de la
patrie française. Après de longues épreuves, ces
hommes viennent de passer une nuit terrible dans
les bois couverts de neige. Parmi ces hommes, il
y en a qui n'ont pas été déchaussés depuis quatre
mois. Leurs vêtements sont en lambeaux. Il y en
a sans chaussures avec des chiffons aux pieds. Et
alors la pitié et le patriotisme s'exhaltent et met-
tent une flamme dans le cœur de tous. L'ennemi
est encore tout près, sur les hauteurs qui dominent la Gare, au Château d'où il tire sur tout
être humain qui devient visible — mais qu'im-
porte ? Les habitants sortent de leurs maisons,
vont au devant des soldats. On allume des feux
sur la place. On leur porte tout ce que l'on trouve,
des vivres, du vin, des vêtements. Rue des Febvres, une vieille femme du nomde Perrot, enlève
ses bas et ses souliers, les donne à un de nos
soldats déchaussé et rentre chez elle pieds-nus.
Au milieu de tant d'horreurs voulues par la guerre,
l'esprit aime à s'arrêter sur ces scènes. En voici
une encore que vous me saurez gré de vous rappeler dans sa touchante familiarité. — Quelques
soldats allemands avaient été surpris par l'attaque
impétueuse des tirailleurs algériens. Sous les
voûtes des Halles on pouvait voir six hommes de
la landwehr gardés à vue par trois turcos. Les
turcos avaient auprès des Allemands une réputa-
tion terrifiante et ces hommes croyant venue leur

dernière heure pleuraient. L'un d'eux, mesurant
sans doute tout ce qu'il allait quitter sanglottait.
C'est alors qu'un des turcos s'approcha de lui,
lui passa la main sur le visage pour le rassurer
en lui disant : Pleure pas, prussou, turcos pas
méchants !

Je tenais à relever cette parole, cet acte d'humanité qui est à l'honneur de notre armée. Car
on était encore dans toute l'exaspération de la
lutte. Si la ville était occupée, le château n'était
pas pris. Ses défenseurs tiraient de tous les en-
droits où les rues étaient visibles Une tentative
directe de l'aborder avait été infructueuse et
avait coûté beaucoup d'hommes.

On tiraillait de toutes parts faisant ici et là
quelques victimes. Rue du Château, un turco est
blessé, on le tire de la rue dans une maison où il
est soigné. Rue des Etaux, un sergent-major du
1er zouaves tire dans la direction du château. Aus-
sitôt les balles pleuvent sur lui, mouchetant le
pavé. On lui crie de se retirer. Il le fait enfin sans
avoir été blessé. La nuit d'ailleurs était venue
pour séparer les combattants.

Le lendemain 16 janvier ne modifie en rien la
situation respective des adversaires. Nos soldats
font des barricades dans la ville et dirigent sur le
château des tentatives inutiles, mal secourus
qu'ils sont par une batterie trop faible établie
sous les noyers de la citadelle, mais on continue à
échanger des balles avec le château. Dans la rue

de Belfort, dans la rue Basse on perce les toits et on essaye d'atteindre de là les adversaires qu'on ne peut déloger. Un commandant d'artillerie allemand est tué au château dans cette journée. Plusieurs des nôtres sont aussi atteints par la riposte de l'ennemi. On les descend des greniers et on les transporte dans les ambulances. Quant aux morts on les enterre un peu partout où il y a une place libre, au faubourg, dans le nouveau cimetière des Môles, dans la cour du Collège actuel.

Sur les hauteurs qui dominent la ville nos troupes restent inactives sous le feu des batteries ennemies. De la ville on entend pourtant la canonade d'Héricourt. A Bethoncourt, le commandant Costa de Beauregard avec ses courageux mobiles de la Savoie essaie vainement de forcer le passage de la Luzine.

Dans la matinée du 17, nos concitoyens virent tout à coup le silence se faire. Le tir du château qui avait si cruellement éprouvé la ville, qui avait mis, entre autres, la rue des Febvres à clairevoie et tué dans la rue du Collége un enfant de 12 ans dans les bras de sa sœur, cessa enfin. Ceux d'entre eux qui s'approchèrent alors de leurs fenêtres ne purent retenir un cri de surprise et de désespoir. Les Allemands étaient rentrés dans la ville, ils étaient là, se répandant dans les rues, armes en mains, prêts à tirer et criant en français : « Ouvrez les portes et les fenêtres,

ouvrez les portes et les fenêtres •..... Dans la nuit
l'ordre de la retraite était parvenu à nos troupes,
la tentative du général Bourbaki avait échoué.
Le chapitre des victoires de l'armée de l'Est était
terminé. Tout ce qui s'ensuivit est gravé dans vos
cœurs.

Mes frères, il me semble que je laisserais votre
esprit en suspens et votre cœur insatisfait, si je
m'arrêtais là après cette évocation de souvenirs
douloureux. Dans ce jour de manifestation pa-
triotique, il ne faut pas seulement nous souvenir.
La cérémonie à laquelle nous sommes conviés
serait stérile et vaine si elle ne servait à mainte-
nir et à développer le vrai patriotisme. Or, le
vrai patriotisme n'est pas seulement celui qui
parle, qui chante, qui se souvient. Parler, chan-
ter, se souvenir, c'est bien. Mais le vrai patriotisme est celui qui vit, celui qui travaille à la
grandeur morale ou matérielle de la patrie com-
mune. L'élément essentiel dans le patriotisme, ce
n'est pas la vanité, c'est l'amour, un amour allant
jusqu'au don de soi-même, jusqu'au sacrifice. De-
mandez-moi pourquoi j'aime ma mère ? Est-ce
parce qu'elle est la plus belle, la plus noble, la
meilleure des femmes ? Je n'en sais rien. Je ne
m'occupe pas de ces choses, je ne m'arrête pas
à ces comparaisons. Je l'aime d'instinct parce que
c'est ma mère; je l'aime parce qu'elle m'a nourri
de son lait, parce qu'elle m'a porté dans ses bras,
parce qu'elle m'a révélé la douceur des baisers. De

même, l'amour de la patrie défie toute analyse.
J'aime ma patrie parce que je suis sorti de son
sol, parce que j'ai senti dès l'enfance la douceur
de son climat, parce qu'on m'a fait balbutier dès
mon bas âge le récit de ses malheurs et de ses
gloires. Je l'aime en vertu d'un instinct qui ne se
discute pas.

C'est parce qu'elle est notre mère à tous que la
patrie peut planer au-dessus de nos divisions,
au-dessus de nos querel'es et de nos haines.
Nous, ses enfants, nous nous divisons, nous sui-
vons chacun notre chemin.... Mais elle, dans les
jours comme celui-ci, elle nous prend tous dans
ses bras, elle nous dit : « Je suis trop grande
pour m'abaisser à vos querelles, trop vieille
pour les croire éternelles. Je ne sais qu'une chose
c'est que pour être bien servie j'ai besoin de l'amour
j'ai besoin du travail, j'ai besoin des efforts et de
la fidélité de tous mes enfants ! » C'est dans ce
sens, mes frères, qu'il faut entendre la belle parole du chancelier L'Hôpital : « Avant tout, il faut
aimer la patrie. » Pour nous, poussés par les
suggestions de l'égoïsme et de l'orgueil, nous
mettons volontiers en avant nous-mêmes, nos in-
térêts propres, notre vanité, nos tendances poli-
tiques ou sociales, nos préjugés religieux ou so-
ciaux, et nous oublions la patrie, mais aujour-
d'hui tout se réunit : l'exemple de ceux qui ont
donné leur vie, la parole d'un grand esprit, l'en-
seignement de nos saints livres, tout se réunit
pour nous dire : « Avant tout, il faut aimer la

patrie. Jérusalem, si je t'oublie, que ma droite
s'oublie elle-même. »

Pourrais-je espérer, mes frères, que cet ensei-
gnement ait atteint vos esprits et vos cœurs ?
Alors séparons-nous et reprenons bientôt nos tâ-
ches quotidiennes en pensant surtout à la patrie.
Jeunes gens qui m'écoutez, au sortir de cette église,
vous entendrez bientôt au dehors les voix séductri-
de la tentation et de la débauche. Résistez. Restez
fermes. Restez purs pour créer à l'heure voulue
ces foyers sans tache d'où sortiront les enfants
vigoureux et sains dont la patrie a besoin. Hommes mûrs, capables de réflexion, résistez à toutes les généralisations qui sont des injustices, à
tous les préjugés qui tendraient à mettre hors de
la patrie tel ou tel parti politique ou religieux.
Hors la patrie les juifs, hors la patrie les protestants, hors la patrie les libres penseurs, hors la
patrie les catholiques. Chacune de ces paroles est
impie. Résistez. La patrie, comme l'individu, a
ses crises physiques et morales. Ces crises peu-
vent nous inquiéter. Nous décourager ? Jamais.

Frères que le découragement gagnerait, écoutez
la leçon de 1871. Lorsque après le 17 janvier, nos
vaillantes et malheureuses troupes se furent éloi-
gnées, notre pays tout entier offrait le spectacle
de la désolation et de la ruine. La neige piétinée
et salie gardait la trace du sang répandu. Ici et
là c'étaient des chevaux gelés que des chiens dé-
voraient, ailleurs des sacs, des munitions, des

armes abandonnées. Mais bientôt le travail humain revint s'exercer sur ces ruines. Le paysan de nos campagnes, l'ouvrier de nos villes reprirent leur labeur. Le soleil emporta la neige cruelle, les murs furent réparés, les maisons reconstruites et le printemps arriva avec son éclatante beauté, avec ses fleurs, avec ses promesses. Nous avons là une belle image de la puissance du travail réparateur. Mes frères, à cet exemple reprenons sans fatigue et sans hâte notre travail réparateur. A l'atelier, à l'usine, à l'école, dans la famille, là où Dieu nous a mis, travaillons pour la patrie. Si nous sommes fidèles, les fruits viendront.

Mes frères, dans ce jour où nous avons évoqué de si cruels souvenirs, dans ces jours d'hiver et de froidure, dans ces jours de crise morale, je salue par la foi la France de demain, je salue la France de l'avenir.